形さがし －11

JN037115

年 月 日 名前（ ）

下の枠の中に が3組あります。それらを見つけて

 のように線でむすびましょう。

宮口幸治：やさしいコグトレ―認知機能強化トレーニング．三輪書店、2018 より

形さがし －12

年　月　日　名前（　　　　　　　　　　　　　）

下の枠の中に ⚂ が3組あります。それらを見つけて

△ のように線でむすびましょう。

年　月　日　名前（　　　　　　　　　　　　　）

下の枠の中に が3組あります。それらを見つけて

 のように線でむすびましょう。

宮口幸治：やさしいコグトレ―認知機能強化トレーニング．三輪書店、2018 より

年　月　日　名前（　　　　　　　　　　　）

下の枠の中に が4組あります。それらを見つけて

 のように線でむすびましょう。

宮口幸治：やさしいコグトレ―認知機能強化トレーニング．三輪書店、2018 より

年　月　日　名前（　　　　　　　　　　　　　）

下の枠の中に が4組あります。それらを見つけて

 のように線でむすびましょう。

宮口幸治：やさしいコグトレ―認知機能強化トレーニング．三輪書店、2018 より

<ruby>年<rt>ねん</rt></ruby> <ruby>月<rt>がつ</rt></ruby> <ruby>日<rt>にち</rt></ruby> <ruby>名前<rt>なまえ</rt></ruby>（　　　　　　　　　　　　）

<ruby>下<rt>した</rt></ruby>の<ruby>枠<rt>わく</rt></ruby>の<ruby>中<rt>なか</rt></ruby>に  が4<ruby>組<rt>くみ</rt></ruby>あります。それらを<ruby>見<rt>み</rt></ruby>つけて

 のように<ruby>線<rt>せん</rt></ruby>でむすびましょう。

宮口幸治：やさしいコグトレ―認知機能強化トレーニング．三輪書店、2018 より

年　月　日　名前（　　　　　　　　　　　　　　　）

下の枠の中に が5組あります。それらを見つけて

 のように線でむすびましょう。

宮口幸治：やさしいコグトレ―認知機能強化トレーニング．三輪書店、2018 より

年　月　日　名前（　　　　　　　　　　）

下の枠の中に が5組あります。それらを見つけて

 のように線でむすびましょう。

宮口幸治：やさしいコグトレ―認知機能強化トレーニング．三輪書店、2018 より

年　月　日　名前（　　　　　　　　　　　　）

下の枠の中に が5組あります。それらを見つけて

 のように線でむすびましょう。

宮口幸治：やさしいコグトレ―認知機能強化トレーニング. 三輪書店、2018 より

下の枠の中に　　　　　　　　が5組あります。それらを見つけて

のように線でむすびましょう。

宮口幸治：やさしいコグトレ―認知機能強化トレーニング. 三輪書店、2018 より

年　月　日　名前（　　　　　　　　　　　　　　　）

下の枠の中に 　 が５組あります。それらを見つけて

のように線でむすびましょう。

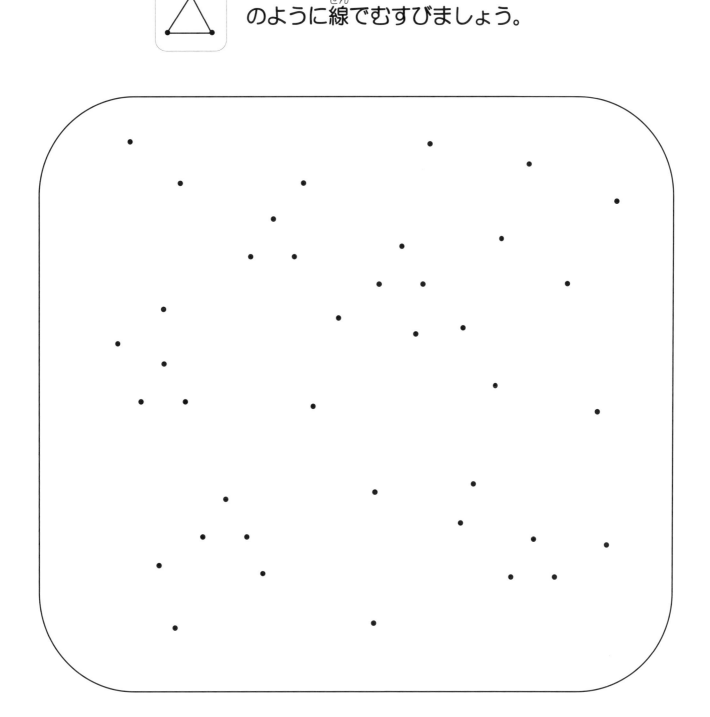

宮口幸治：コグトレドリル やさしいコグトレ─見つけるⅡ．三輪書店、2023

年　月　日　名前（　　　　　　　　　　　　　　　　）

下の枠の中に が５組あります。それらを見つけて

 のように線でむすびましょう。

年　月　日　名前（　　　　　　　　　　　　　）

この絵をみて、どんな影ができる

か当ててください。

下の①〜④から選びましょう。

答え〔　　　　〕

①

②

③

④

宮口幸治：やさしいコグトレ―認知機能強化トレーニング．三輪書店、2018 より

年^{ねん}　月^{がつ}　日^{にち}　名前^{なまえ}（　　　　　　　　　　　）

この絵^えをみて、どんな影^{かげ}ができる

か当^あててください。

下^{した}の①〜④から選^{えら}びましょう。

答^{こた}え ［　　　　］

①

②

③

④

宮口幸治：やさしいコグトレ―認知機能強化トレーニング. 三輪書店、2018 より

年　月　日　名前（　　　　　　　　　　　　　　　　　　　　）

この絵をみて、どんな影ができるか当ててください。

下の①〜④から選びましょう。

答え〔　　　〕

宮口幸治：やさしいコグトレ―認知機能強化トレーニング. 三輪書店、2018 より

年　　月　　日　名前（　　　　　　　　　　　　　　　　　　）

この絵をみて、どんな影ができるか当ててください。

下の①〜④から選びましょう。

答え 〔　　　〕

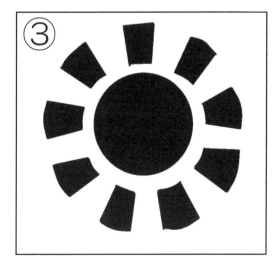

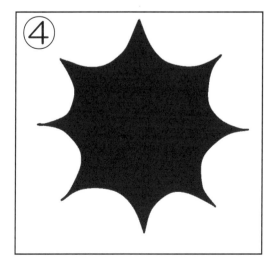

宮口幸治：やさしいコグトレ―認知機能強化トレーニング．三輪書店、2018 より

年　月　日　名前（　　　　　　　　　　　　　　　　　）

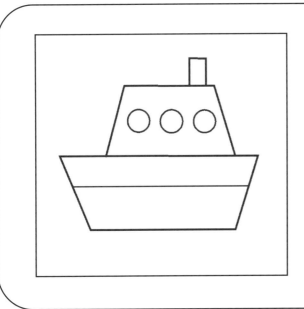

この絵をみて、どんな影ができるか当ててください。

下の①～④から選びましょう。

答え　[　　　　　]

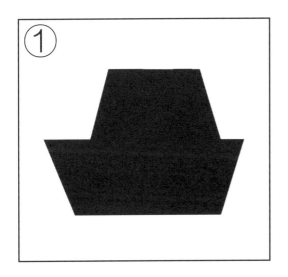

①

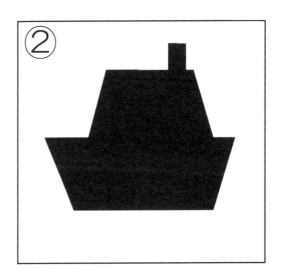

②

③

④

宮口幸治：やさしいコグトレ―認知機能強化トレーニング. 三輪書店、2018 より

年　　月　　日　名前（　　　　　　　　　　　　）

この影をみて、何の絵か当ててください。

下の①〜④から選びましょう。

答え　〔　　　〕

宮口幸治：やさしいコグトレ―認知機能強化トレーニング．三輪書店、2018 より

年<ruby>ねん</ruby>　月<ruby>がつ</ruby>　日<ruby>にち</ruby>　名前<ruby>なまえ</ruby>（　　　　　　　　　　　　　　　　）

この影<ruby>かげ</ruby>をみて、何<ruby>なん</ruby>の絵<ruby>え</ruby>か当<ruby>あ</ruby>ててください。

下<ruby>した</ruby>の①〜④から選<ruby>えら</ruby>びましょう。

答<ruby>こた</ruby>え　〔　　　〕

①

②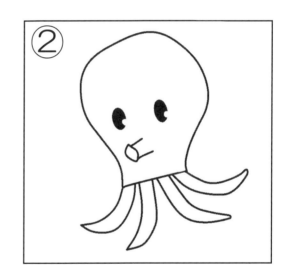

③

④

宮口幸治：やさしいコグトレ―認知機能強化トレーニング．三輪書店、2018 より

年　月　日　名前（　　　　　　　　　　　　　　）

この影をみて、何の絵か当ててください。

下の①～④から選びましょう。

答え　[　　　]

宮口幸治：やさしいコグトレ―認知機能強化トレーニング．三輪書店、2018 より

年　月　日　名前（　　　　　　　　　　　　　　）

この影をみて、何の絵か当ててください。

下の①〜④から選びましょう。

答え　〔　　　　〕

宮口幸治：やさしいコグトレ―認知機能強化トレーニング．三輪書店、2018 より

年 月 日 名前（_____）

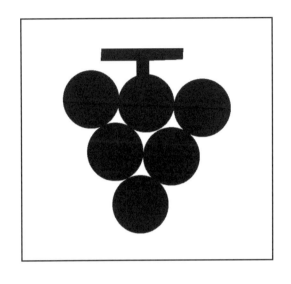

この影をみて、何の絵か当ててください。

下の①～④から選びましょう。

答え [　　　]

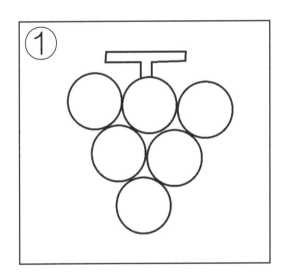

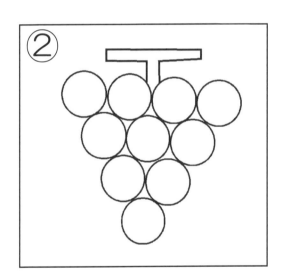

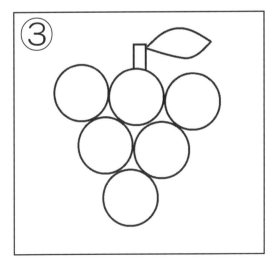

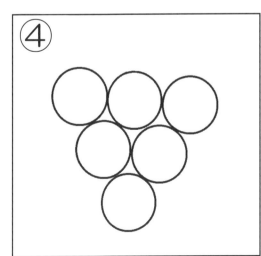

年_{ねん}　月_{がつ}　日_{にち}　名前_{なまえ}（　　　　　　　　　　　　　　　）

この影_{かげ}をみて、何_{なん}の絵_えか当_あててください。

下_{した}の①〜④から選_{えら}びましょう。

答_{こた}え　〔　　　　〕

宮口幸治：コグトレドリル やさしいコグトレ―見つけるⅡ．三輪書店、2023

年　月　日　名前（　　　　　　　　　　　）

下の４枚の絵の中に、全く同じ絵が２枚あります。その２枚を探して下の［　　］に番号を書きましょう。

同じ絵は［　　　と　　　］

宮口幸治：やさしいコグトレ―認知機能強化トレーニング．三輪書店、2018 より

年 月 日 名前（　　　　　　　　　　）

下の4枚の絵の中に、全く同じ絵が2枚あります。その2枚を探して下の［　］に番号を書きましょう。

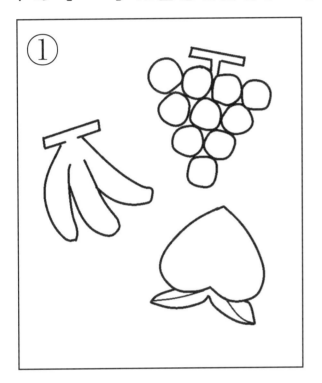
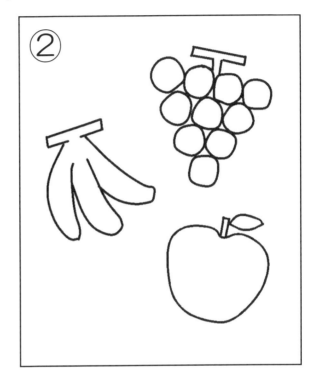

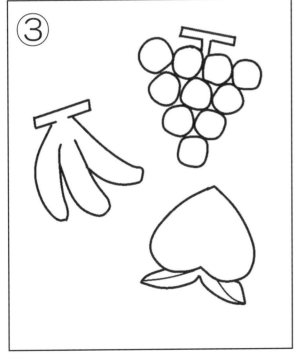
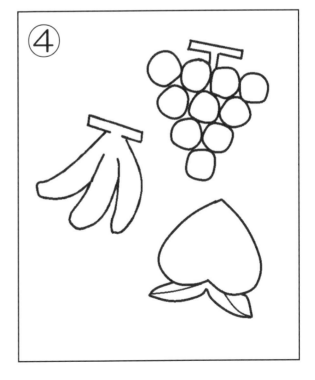

同じ絵は［　　と　　］

宮口幸治：やさしいコグトレ―認知機能強化トレーニング．三輪書店、2018 より

年　月　日　名前（　　　　　　　　　　　）

下の4枚の絵の中に、全く同じ絵が2枚あります。その2枚を探して下の［　　］に番号を書きましょう。

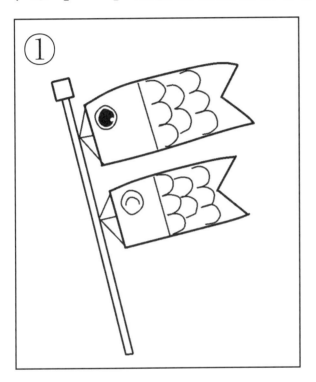

同じ絵は［　　　と　　　　］

宮口幸治：やさしいコグトレ―認知機能強化トレーニング．三輪書店、2018 より

年　月　日　名前（　　　　　　　　　　　　　　）

下の４枚の絵の中に、全く同じ絵が２枚あります。その２枚を探して
下の［　　］に番号を書きましょう。

同じ絵は［　　　と　　　］

宮口幸治：やさしいコグトレ―認知機能強化トレーニング．三輪書店、2018 より

年　　月　　日　名前（　　　　　　　　　　　　　　）

下の4枚の絵の中に、全く同じ絵が2枚あります。その2枚を探して
下の［　　］に番号を書きましょう。

同じ絵は ［　　　と　　　］

宮口幸治：やさしいコグトレ―認知機能強化トレーニング. 三輪書店、2018 より

年　月　日　名前（　　　　　　　　　　）

下の４枚の絵の中に、全く同じ絵が２枚あります。その２枚を探して
下の［　　］に番号を書きましょう。

同じ絵は［　　　と　　　　］

宮口幸治：やさしいコグトレ―認知機能強化トレーニング．三輪書店、2018 より

年　月　日　名前（　　　　　　　　　　　　　　）

下の4枚の絵の中に、全く同じ絵が2枚あります。その2枚を探して
下の［　　］に番号を書きましょう。

同じ絵は［　　と　　　］

宮口幸治：やさしいコグトレ─認知機能強化トレーニング. 三輪書店、2018 より

年 月 日 名前（　　　　　　　　　　　　　）

下の6枚の絵の中に、全く同じ絵が2枚あります。その2枚を探して下の [　　] に番号を書きましょう。

同じ絵は [　　　と　　　]

宮口幸治：やさしいコグトレ─認知機能強化トレーニング. 三輪書店、2018 より

年　月　日　名前（　　　　　　　　　　　　）

下の6枚の絵の中に、全く同じ絵が2枚あります。その2枚を探して
下の［　　］に番号を書きましょう。

同じ絵は［　　　と　　　］

宮口幸治：やさしいコグトレ―認知機能強化トレーニング．三輪書店、2018 より

年　月　日　名前（　　　　　　　　　　　　　　　）

下の６枚の絵の中に、全く同じ絵が２枚あります。その２枚を探して
下の［　　］に番号を書きましょう。

同じ絵は［　　　と　　　］

宮口幸治：やさしいコグトレ―認知機能強化トレーニング. 三輪書店、2018 より

年　月　日　名前（　　　　　　　　　　　　　　　）

下の6枚の絵の中に、全く同じ絵が2枚あります。その2枚を探して
下の［　　］に番号を書きましょう。

同じ絵は［　　　　と　　　　　］

宮口幸治：やさしいコグトレ―認知機能強化トレーニング．三輪書店、2018 より

年　月　日　名前(　　　　　　　　　　　　　　　　　　)

下の6枚の絵の中に、全く同じ絵が2枚あります。その2枚を探して
下の [　　] に番号を書きましょう。

同じ絵は [　　　と　　　]

宮口幸治：やさしいコグトレ―認知機能強化トレーニング．三輪書店、2018 より

年　月　日　名前（　　　　　　　　　　）

下の6枚の絵の中に、全く同じ絵が2枚あります。その2枚を探して下の［　　］に番号を書きましょう。

同じ絵は［　　と　　］

宮口幸治：やさしいコグトレ―認知機能強化トレーニング．三輪書店、2018 より

年 月 日 名前 (＿＿＿＿＿＿＿＿＿＿)

下の６枚の絵の中に、全く同じ絵が２枚あります。その２枚を探して下の [　　] に番号を書きましょう。

同じ絵は [　　　と　　　]

宮口幸治：コグトレドリル やさしいコグトレ―見つけるⅡ. 三輪書店、2023

こたえ

形さがし

11

12

13

14

15

16

17

18

19

形さがし（続き）

20

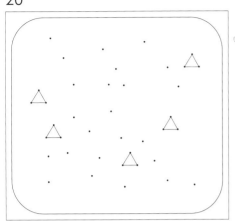

おまけ3

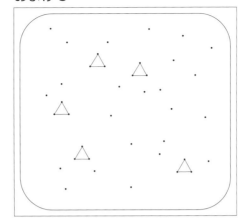

おまけ4

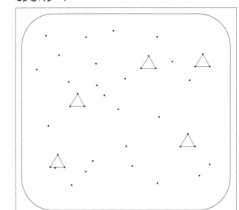

この影はどれ？

①－11：4
①－12：1
①－13：3
①－14：4
①－15：2
②－1：3
②－2：4
②－3：1
②－4：2
②－5：1
②－おまけ1：3

同じ絵はどれ？

①－14：③と④

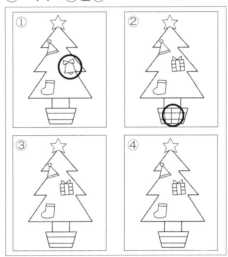

①－15：①と③

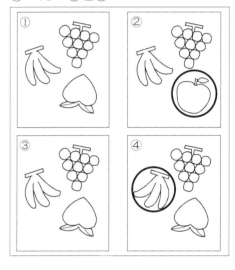

①－16：②と③

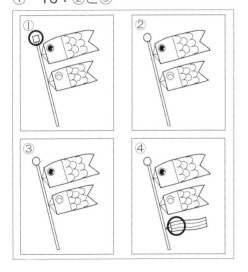

①－17：③と④

①－18：②と③

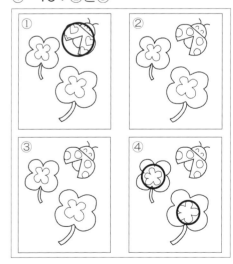

同じ絵はどれ？（続き）

①−19：①と③

①−20：②と④

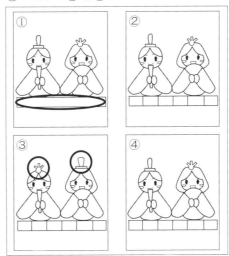

②−1：②と⑤

②−2：③と④

②−3：①と③

②−4：②と⑥

②−5：①と⑥

②−6：③と⑤

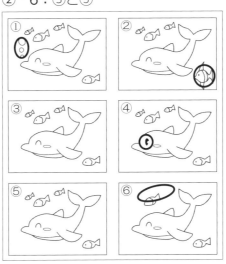

②−おまけ１：②と⑥

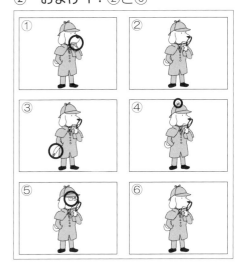